ME DIJISTE QUE ME QUERÍAS

ME DIJISTE QUE ME QUERÍAS

Sarah román

Valparaíso
EDICIONES

VALPARAÍSO POESÍA

Diseño de interior y maquetación: Chari Nogales
www.charinogales.com @chari_nogales
Imagen de portada: Núria Lizaur López

Primera edición: mayo de 2025

© De los poemas: Sarah Román

© Valparaíso Ediciones
C/ Fray Leopoldo, 7 bajo, 18014 Granada
www.valparaisoediciones.es

ISBN: 979-13-87538-53-8
Depósito Legal: GR 702-2025

Impreso en España - *Printed in Spain*
Gráficas Gami

Para esas mujeres que aún caminan con la daga en la espalda,
remember that beautiful souls are shaped by ugly experiences.

EXTENSIÓN

Creo que voy a empezar este libro en una clase antigua de mi instituto, donde estaba dando una charla sobre salud mental a chavales de dieciséis años: la edad donde mi historia empezó. Uno de ellos me hizo una pregunta clave: «¿Cuál fue el inicio de tu historia, la causa?». Quedé pensativa durante un par de segundos, pues la respuesta la sabía, pero sigue siendo contradictoria. Mi causa fueron los sucesos que pasaron entre las paredes de mi casa, es decir, la respuesta rápida y fácil es «mis padres», ¿no? Aun así, no voy a adentrarme en la relación con mis padres, la cual afortunadamente ha mejorado considerablemente. Personalmente, desde mi experiencia y la de conocidos, todo empieza en nuestra infancia, en nuestro desarrollo de personaje, lo cual ocurre con nuestros progenitores y en la escuela.

Me describiría como una persona curiosa y sobre todo resiliente. Pues, a pesar de todo, siempre he seguido adelante exponiendo una sonrisa sincera y agradable, aunque estuviese triste. Cuando era pequeña practiqué muchas actividades, como piscina, ballet, flamenco, piano, baile contemporáneo, balonmano, CrossFit y, finalmente, boxeo. Dicho de otra forma: he sido una persona ocupada que ha aprendido la disciplina a través del deporte. Aun así, el hacer tantas cosas me dio a entender que sin probarlas, sin arriesgarte, no hay sabiduría, pues no siempre hay recompensa, como se suele decir. Por otro lado, se me ha llegado a definir como una persona muy mía, bastante impulsiva, una persona graciosa, espabilada, y, finalmente, el elogio en el que todos coinciden y no se equivocan es alocada. Empecé a ser así cuando dejé de intentar ser lo que otros querían que fuese, «la niña buena, responsable y estudiosa». No te niego que también lo sea, pero mi parte salvaje no podía quedar reprimida, y menos para complacer a mis padres y mis compañeros de clase que tenían menos neuronas que un centollo (algunos, digo, una pena que me diese cuenta tarde con ciertas personas).

Tiempo al tiempo, he descubierto que soy una persona muy sensible, pero con los pies en la tierra. En ese entonces, con dieciséis años, no sabía lo que era el amor, no sabía nada sobre los hombres, pues en el colegio de monjas no aprendes mucho sobre eso y encima la gente sale un poco tocada de ahí arriba, yo misma de ejemplo. Durante ese tiempo me harté de todas las peleas, los gritos, la ansiedad, el odio y la rabia, pues todo lo que llevaba dentro crecía como un animal hambriento de sangre, y fue ahí que decidí probar el boxeo. Ahí conocí a las personas que cambiarían el transcurso de mi vida, tanto en el buen sentido como en el peor de los casos. Así como mis dos grandes mentores, los cuales agradezco diariamente por toda la comprensión, ayuda e instrucción que me proporcionaron en su momento. Por otro lado, conocí a un chaval que me daba miraditas mientras daba el calentamiento, uno alto, no sé por qué, pero la gente grande me atrae, no sé si es por el aura de dominancia o porque si soplan salgo volando, pero es un hecho. Él era una persona con muchísima inseguridad, que reflejaba siendo un matón, un sabelotodo, un egocéntrico; en su mente él es el mejor de todos en todo. Lo peor es que hay gente que hoy en día lo tiene de referente en el arte de pegar, una pena, de verdad lo digo. Ese chico fue mi primer «amor», que acabó en mi primer estrés postraumático después de salir de su casa un día de verano en 2021 justo después de cumplir 17. Pensar que solo tenía 17 me entristece… Poco después, gracias a otra interacción con dicho personaje, acabé conociendo lo que sería mi futuro prometido y el que me regalaría un pedazo de síndrome de Estocolmo. El síndrome de Estocolmo es algo que poca gente entiende, es un síndrome que se desarrolla cuando una persona que está en modo supervivencia desenvuelve un apego emocional, una especie de empatía y amor por la persona que te hace daño, ya sea físicamente o psicológicamente, o hasta ambas, para poder sobrellevar dicha situación. En otras palabras: es la mítica de «yo lo puedo cambiar», pero multiplicado por mil.

Cuando conocí al segundo personaje de esta historia, supongo que llegaréis a entender que estaba en un momento totalmente vulnerable. Acababa de pasar por ese suceso con el boxeador, el cual no sabía cómo sentirme al respecto. Todo fue un shock, no poder mear sin dolor durante cuatro días, los moratones de mi cuerpo aún seguían presentes y los cinco kilos que se esfumaron en una semana, por no hablar de las secuelas mentales… No hablarlo con mis padres, con nadie excepto la enfermera de urgencias de la vergüenza que sentía por haber dejado que eso me pasase a mí, con el carácter que tengo. No lo entendía, no entendía la necesidad que me surgió de rascarme detrás de la cabeza cada dos por tres hasta herirme. La necesidad de delirar, fumar, de sentir aire en mi pecho, la necesidad de sentir algo, pues me sentía tan entumecida, sentía que poco a poco iba desapareciendo de la faz de la tierra. Un sentimiento que no le deseo a nadie.

Cambiando de tema, vamos a llamar a ese segundo personaje Darth Vader; Darth, para los conocidos como yo y vosotros ahora. Darth fue un salvavidas, fue la persona que me entendió, me cuidó y me dio cobijo, además de «protegerme» de mis padres, de mí misma y del boxeador. Darth era una persona que aparentaba estar feliz, pero que en el fondo estaba muy triste, aún más triste que yo, y eso en ese momento era difícil. Darth empezó a reflejar esa tristeza e inseguridades en mí, ahí empezó lo que yo llamo el arte de la manipulación, pues yo sentía que le debía. Después de todo, él fue el único que me ofreció una mano cuando la necesitaba. Fue en ese momento exacto que empezó el ciclo vicioso de la serpiente comiéndose su propia cola. Para llegar a manipular a alguien de esa manera (donde literalmente me mintió en todo menos su nombre, un poco más y se llama Eustaquio y ni cuenta me doy), la mente del ser manipulado ha de estar totalmente distraída, y Darth sabía que lo estaba. Mi mente estaba en aprobar bachillerato, en si denunciar o no al cerdo que me violó, en la mala situación del divorcio de mis padres, en mi abuelo enfermo… Mi mente estaba de todo menos desocupada, y así fue como empecé a caer en los «tenemos que arreglar lo nuestro antes de que estudies», en los «envíame una foto, no me creo que estés comiendo en casa de tus abuelos», «mi amor, te quiero, pero esto no funciona y es porque me das inseguridad por el otro maromo que te violó». Lo peor de todo eran los «te dejo, pero a la hora te llamo para que lo arreglemos porque mi intención con dejarte era para que me fueses detrás y luchases por mí», y así sucesivamente. Cuando te digo que no sé cómo no me volví loca y se me fue la pinza es algo que aún sigo intentando entender. Yo pienso que ese delirio tuvo su momento de vida cuando tomé la decisión de irme con Darth al país en el cual él, Palpatine (su madre) y su tripulación (familia) habían emigrado. En ese periodo de tiempo yo ya estaba bajo su hechizo, ni voz ni voto tenía. Ahora bien, tal y como sucede en las películas de Star Wars, Palpatine, maestro de Darth Vader, tenía una gran influencia sobre este y digamos que mi exsuegra era una persona con pocos valores éticos a pesar de su madura edad. Ella pasó por muchas experiencias devastadoras, pero, al igual que yo, uno decide cómo afrontar el futuro, uno decide sus valores, y te aseguro que ella se pensaba que la gente le debía la vida por su falsa afabilidad. Yo en ese tiempo no pensaba mal de nadie, y dejé convencerme para hacer muchas cosas, coaccionada. Así como, por ejemplo, creerme que no podía crear una cuenta bancaria sin tener unos papeles antes, así ella consiguió que yo pusiese su cuenta bancaria en mi primer trabajo y mis ingresos empezaron a ser suyos. No controlaba nada, me lo hizo pasar muy mal. Una vez que nos faltaba dinero y ella decía que los bancos le habían congelado la cuenta por algún error, y ella se había ido a Turquía a ponerse un culo y unas tetas nuevas, encima con el descaro de decir que estuvo hospitalizada y enferma. Estuve cuidando de su hija el primer mes, pues Darth trabajaba por las noches y no hacía nada más que dormir durante el día y trabajar de noche; supongo que os imaginaréis lo sola que llegué a sentirme a veces. Pero yo iba con un plan, con un objetivo de dinero para ahorrar y empecé a espabilarme, una vez más solo podía contar conmigo.

Sin embargo, ese plan no quitaba que la relación con Darth empeorara día a día. Yo ya me empezaba a comparar con otras mujeres, pues me ignoraba y me trataba bien a ratos. Dejó de hacer cosas conmigo y todo le parecía un problema. Debía andar con cuidado, pues vivir con una bomba sin saber cuándo detonará es una sensación repugnante y agobiante. En muy pocos momentos me sentía bien, y hacerle feliz se convirtió en mi objetivo diario, sin tener resultado ninguno. No voy a adentrarme enteramente en nuestra historia, pero sí acabar de mencionar nuestros últimos días, pues fueron esas acciones lo que derivaron a tener un sufrimiento excesivo. Enterarme de que empezaste a hablar, no con una, sino con tus dos exparejas; cómo llegaste a mentirme a la cara después de todo; cómo me ilusionaste esa noche, eres un cobarde. Cuando dejaste la relación y me ignorabas, no teníamos trato alguno del odio que desarrollaste hacia mí, pero sí tuviste el descaro de follarme mientras estaba dormida a las cuatro de la madrugada.

Darth, si llegas a leer esto: no fuiste muy listo en escoger a una escritora para tratarla así. Pero tranquilo, te perdono, no me ganaste de enemiga y creo que llegas a entender que esto no va sobre ti, sino sobre mí. Ahora tengo la edad que tú tenías al conocerme, diecinueve años, flipa cómo pasa el tiempo, eh. Gracias por convertirme en lo que soy ahora a esta temprana edad.

ANTES DE TI

Como mencionaba previamente, antes de Darth conocí a mi primer amor, mi primer romance. Antes de conocerlo, mi mente divagaba por mundos paralelos y filosóficos, pues me preguntaba todo, y tenía una necesidad interior de querer conocer el mundo y poner respuestas a mis preguntas. Estaba perdida. Durante este periodo leía muchísimo y no ponía pie en mi casa, o al menos lo evitaba. Simplemente la presencia de mis progenitores me irritaba, no voy a comprometerlos por mis escritos, pues al final sangre es sangre. Aunque, a veces, la distancia es necesaria para restaurar la paz y por eso me fui más adelante. Igualmente, estar en casa en ese momento era algo insoportable: las discusiones y las peleas me eran inaguantables, así que empecé a buscar en la calle lo que no encontraba,

Por otro lado, nunca he sabido encajar correctamente en los grupos, siempre he sido del tipo lobo solitario. En ese momento, con dieciséis años, tenía muchos amigos, pero no verdaderos, de esos solo tenía dos o tres que veía muy de vez en cuando. No estoy muy orgullosa de cómo figuraba mi tiempo, pero era necesario para poder experimentar, vivir. A pesar de que me digan que algo corta, me gusta tocarlo para ver si es verdad, para sentir qué tipo de dolor se siente. Ese tipo de persona soy: necesito sentir para ver y entender. Un poco masoquista siendo sinceros. Por eso conocer a alguien a quien le gustaba y le gusta causar dolor fue mi perdición. Cuando pasaron dichos sucesos, el mundo se me vino abajo, sentía que estaba sola, pero él consiguió que además me sintiera despreciable, como una puta sucia pidiendo amor desesperadamente en vez de dinero. La noche que lo vi después de eso fue una película de terror, nunca me había auto perjudicado tanto con los porros y el alcohol, sumándole el hecho de que él estaba ahí con Darth. Sí, efectivamente, esa noche lo conocí, no tenía ni idea de que entrenaba con nosotros, pero fue el único que se preocupó de mi «bienestar».

Sin embargo, volviendo al boxeador, no quise denunciarlo por dos razones: una, porque lo «quería». Y dos, porque al principio no asimilaba la realidad de la situación, así que, como buena escritora, aparecí un día en el gimnasio donde entrenábamos y le di en mano una carta a su padre explicando los sucesos. Su padre no entendía nada, el sentimiento de desconcierto y miedo le invade el rostro a día de hoy cuando me lo encuentro en mis visitas mensuales al templo. Me imagino el disgusto que debió sentir ese día y me pregunto si creyó a la chica de diecisiete años que no había visto nunca o a su propio hijo. Supongo que, como todos, dijeron que fue un «malentendido», «una exageración», «una invención mía por estar enfadada con él», pues yo solo era una adolescente un poco rara con problemas en casa. Las semanas pasaban y mi cuerpo se permitía el lujo de no comer, de no dormir, y de buscar refugio en otro lado: Darth. Nadie más estuvo: ni ellos, ni las que decían ser amigas, ni los que me reconocían como hija. Nadie quería ayudar, nadie quiso asimilarlo, todo el mundo quiso mirar al otro lado y seguir con sus vidas menos él. No obstante, don boxeador, empezó a sentir traición por saber que estaba con su "amigo". Eso también dolió, a pesar de todo, solo se sentía traicionado y empezó a llamarme por oculto, me enviaba mensajes, amenazas, sus amigos me buscaban y me escribían porque lo tenía bloqueado, por su petición o simplemente por las historias inventadas. Tres años he tenido que lidiar con su insensatez después de todo.

Su vida, su ser, no me interesa, me causa estragos verlo por las redes en algún patrocinio, o saber que hay gente que lo alaba; pero estoy en paz, vivo cada día con ello y ya casi me es indiferente, sé que es una espina que llevaré conmigo siempre. No le deseo el mal, pero sí le pido a la vida justicia. Este capítulo próximo fue escrito mayoritariamente entre 2020 y el 2021. Espero que todas las letras plasmadas en las hojas de este capítulo encuentren libertad en sus lectores. Espero que, si llegas a leer esto, tengas algún día el valor de decirte a ti mismo: «Sí, yo hice eso», y aceptes las verdades que se escriben de ti con la boca callada como la furcia que querías que fuera. Qué curiosa es la vida, que cuanto más fuerte me pega, mejor me levanto. Que por muy curiosa que sea esta gata siempre revive de la muerte.

SOLO UNA MUJER

Ella es una mujer caótica, es un desastre,
  es un tornado que no cesa.
Ella es una mujer, de esas que otros ven y no se atreven
  a acercarse por miedo al rechazo.
Ella es una mujer incomprendida que todos persiguen,
  pero nadie sabe alcanzarla.
Ella es una mujer que si le ofreces la mano
  y le gusta su calor, se coge del brazo.
Ella es una mujer que acabas necesitando
  como el café de las mañanas.
Ella es una mujer que no sabes si te está dando vida
  o te la está quitando.
Ella es solo una mujer.

SIN CENSURA

Noche fría, pulmones anhelando el aire puro.
Llevan todo el día respirando la toxicidad de su entorno.
Esos pulmones no se queman por fumar tabaco,
se queman por mantener la vida de su cuerpo.
Esos pulmones aspiran, suspiran repetidamente,
quieren oler y sentir aire limpio en la anatomía.
Noches frías sin censuras liberan el alma y los pulmones
    no fuman.
Noches frías sin censuras, los pulmones no se queman.

Qué maldición la mía, que cuando todo el mundo duerme plácidamente yo no pego ojo. Me cuelo como un gato a la azotea, el sonido de las calles de Barcelona es mi única melodía y la sabiduría de la luna se desprende ante mí como una manta cálida. De mis ojos brotan lágrimas, desencadenando una detrás de otra, creando el río Nilo. No por tristeza, sino por rabia de cómo me estaba tratando la vida. Recuerdo mirar al infinito y preguntarme qué había hecho yo mal para merecer todo esto; qué estaba haciendo mal para recibir todos los golpes; qué hacía tan mal que cuando pedía la mano para levantarme, la gente solo me daba la espalda. Algunos lo hacían sin pensar, sin saber; otros no. Otros lo hacían a propósito.

JUANA LA LOCA NO ESTABA TAN LOCA

Cierro los ojos y te veo.
Le recito a la luna mis miedos: tú.
Se dio cuenta, sospecha.
Mi cara llena de cortes por mis lágrimas de vidrio.
Los ojos acostumbrados a estar rojos y delirar por las calles.
El cuerpo bello de una mujer sana empezó a verse
    como cadáver.
Me bloqueaste, me callaste, me violaste.
Mi silencio eran gritos de ayuda.
Me escuece la herida del pasado en el presente.
Me duele haberte llevado al límite.
Mentiras, dudas, caos.
Cobarde, yo giré la mejilla y levantaste la mano igual.
Ya dejé de ser y empecé a disociar, olvidar.
Ni loca, ni puta, cállate, callaos.
Me enterrasteis viva entre todos.
Tatuajes que solo tú puedes ver en mi piel.
Lástima, ahora me ven marcada y me tienen miedo.

SIN ARREPENTIMIENTO NO HAY PERDÓN

Una mano en el estómago para aguantar el dolor y la otra en la boca intentando que no se escuchen mis sollozos. Solo quiero dormir para no pensar, para olvidar, pero hasta en mis sueños te veo y estos se convierten en pesadillas. Eres un parásito cerebral, eres el primer y último pensamiento del día. Tal vez el tiempo cure, tal vez sí logre olvidar o tal vez nunca logre salir de este lapsus temporal. Lo único que deseo es que ojalá sientas lo que yo he sentido, y siento y espero que algún día te arrepientas y sepas pedir perdón.

La libertad de uno acaba donde empieza la libertad de otro.
JEAN-PAUL SARTRE

LE PINOT NOIR AVEC UN PEU DE LIMERENCE

Hay personas a las que solo se les puede tener respeto, así como yo le tengo respeto al mar.

El mar es precioso, único, emocionante, impersonal.

Aunque a veces se muestra mortal, también puede ser sereno, pero cuando se agita y forma olas es cuando realmente vemos a la madre naturaleza en toda su grandeza. Porque las olas están ahí para arrastrarnos con la corriente, como un baile salvaje del mar que nos invita a sumergirnos en su abrazo, dejándonos sin aliento en su danza interminable.

Así de engañoso podría ser cualquiera, como el mar, bonito pero cruel.

Una mujer muy sabia me dijo una vez: «Créeles cuando te dicen cómo son, porque no mienten aunque sus gestos sean diferentes».

Mamá, ojalá te hubiese escuchado.

Antes leía lo que no comprendía, leía para entender sentimientos, para entender a otras personas, leía para entenderme a mí misma. El tiempo me ha dado ese conocimiento -la experiencia, las personas que nos rodean, el entorno-, y a veces nos decepciona lo que hemos llegado a entender y la nostalgia de la inocencia se empieza a notar. Deseas poder volver a tener primeras impresiones, una vez, solo una vez más.

Yo sentía que me miraba con amor, creía que sentía ese amor, que verdaderamente se quedaba mirándome cuando dormía plácidamente desnuda a su lado; que pensaba en mí cuando escuchaba sus canciones; que sus «te quiero» los decía con sentimiento; qué ingenua. Debería haber visto que ese amor me lo había inventado yo y la sonrisa tonta que se me quedaba plasmada en la cara cada vez que nos despedíamos.

MUERTE EN VIDA

Creo que poca gente comprende que el acto sufrido cuando alguien invade tu templo es mortal, es morir con los ojos abiertos. Es sentir el polvo de las ruinas en los pulmones ahogándote, es sentir una puñalada en el medio de tu estómago rebanando tus intestinos mientras se desliza la navaja. Es llorar en silencio, gritar y sentir que el aire se escucha más. Es sentir la muerte en vida.

MATEO 7:15

Me gustaba jugar a meterme en la boca del lobo, pensaba
que era bonito jugar con algo salvaje.

No pensé que el lobo mordería después de dejarme
acariciarlo…

Me mordió tan fuerte…
Que al ver mi cuerpo sangriento después del acto,
intentó limpiarme las heridas,
arrepentimiento que fue en vano.

Yo solo quería sentirme libre entre los Alpes.

Me levanté,
y el lobo quedó caminado, mirando, siguiendo…
Siempre detrás pero sigilosamente.

AMARGURAS

Ese sentimiento de coger aire y notar que no te llega.
Ese sentimiento de dolor en el pecho cuando la persona
que quieres te hace daño.
Ese sentimiento de picazón cuando notas la palma de una
mano estrellarse con tu mejilla.
Ese sentimiento de impotencia de no poder hacer nada
cuando quieres hacerlo todo.
Ese sentimiento de querer llorar y no saber por qué.
Ese sentimiento de malestar en el cuerpo cuando la
paranoia te dice que va a pasar algo.
Ese sentimiento de saber qué quieres y entender que, por
mucho que te dejes el alma, no llegará.

14 DE AGOSTO 2021

Mis manos se desplazaban por mi piel, mi piel morena besada por los rayos del sol, mi piel tierna mojada por el agua salada del mar Cantábrico. Mis ojos recorrían el desplazamiento de mis manos sobre mi piel morada por la fuerza de unas manos rabiosas, mis ojos recorrían el daño hecho en ese lienzo moreno mío. Una lágrima cayó desencadenando así una detrás de otra porque el recorrido de mis manos y mis ojos causaban los recuerdos infligidos en mi mente de aquel día de agosto. Cómo me duele el alma, ¡Ay, cómo duele el recuerdo!

PESADILLAS

Planto rosas rojas y crecen negras.
Miro al cielo y veo nubes tapando el sol.
Miro el mar y está alterado y frío.
Te cojo la mano y siento que algo no cuadra.
Me levanto de la cama y siento desconcierto.
Voy lenta y quiero ir rápido.
Noto cómo bombea mi sangre y parece una cuenta atrás.
No sé cuándo va a explotar, no sé qué va a pasar.

AMOR DE COMPRA Y VENTA

¿Acaso me equivoco cuando pienso que los labios y los besos que causan infartos también tienen el potencial de fingir, mentir y herir? ¿Acaso no digo la verdad cuando las manos que parecen dejar la piel de gallina también pueden causar cuadros de colores morados, pueden forzar y pegar? ¿Acaso existe la ignorancia cuando digo que el cuerpo que irradia calor, seguridad, comodidad o amor también yace la capacidad de hacerte pasar por el frío más infernal y una soledad abismal? Como dice mi querido Rubi, hay dos caras para cada moneda, aprende a estar preparada para cualquiera de los dos lados cuando caiga.

LA *MEA CULPA*

La culpa, la culpa es lo que mata el alma.
La culpa te cala los huesos.
La culpa te pudre el corazón.
La culpa no es mía, aunque lo parezca.
La culpa que sentí por algo que no controlaba...
La culpa hacía que me quisiera arrancar la piel.
La culpa que sentía me daba ganas de vomitar.
La culpa hacía que viviera despierta en una pesadilla.
La culpa, la *mea culpa...*

EL SOFÁ VERDE DE TU CASA
HUELE A MUERTE

El peso, tu cuerpo encima del mío, acorralándome.
El pecho se me hundía sin poder coger aire.
Mi mente en blanco, miedo, oscuro.
Tus gemidos dándome ganas de vomitar.
El dolor de mis piernas intentando quitarte.
¡Para, joder, para!
Y tú seguías, seguías, aun viendo el dolor que me causabas.
Peor. Sonreías, presionabas más, y yo me apagué.
Mi cuerpo dejó de resistir, mi mente pareció derretirse en
mi cráneo y desaparecí a un lugar que desconocía.
Aún no creo que haya vuelto...

GOLONDRINA EN CAUTIVERIO

Soy un pájaro.
Soy un pájaro que volaba libre.
Soy un pájaro que acorralaron y cazaron.
Soy un pájaro de circo.
Soy un pájaro enjaulado que solo canta cuando sale el sol.
Soy un pájaro que se marchita entre rejas.
Soy un pájaro, un pájaro salvaje muriendo por tu sentencia de muerte.

FLECHAZO DE HOLLYWOOD

Cómo éramos, fuego y agua. Éramos pura gasolina, pura acción, pura droga. Éramos animales enjaulados donde el odio y el amor se consumían y nos dejaban con las pupilas circulares a punto de saltar a la caza. Éramos adrenalina, sexo duro y puro arrasando todo lo que se anteponía delante; éramos incomparables e incompatibles. Nos queríamos destruir mutuamente con caricias, pero acabaste cometiendo la gran barbaridad de deshonrarme, de jugar sucio, de meterme la garra en el ojo y cegarme. Me perdiste para siempre por querer demostrar que quemabas más que el fuego.

SE COSECHA LO QUE SE SIEMBRA

-Zorra, me dijiste.

-Hijo de puta, te contesté.

Me pediste después de eso que no te insultara, y yo me pregunté cómo es que no puedes aceptar o aguantar el mismo trato que me das.

Esa tía era poesía, cine, música, sexo y diversión.
Esa tía se quitaba el sujetador y dejaba su melena de rockera a lo bruto.
Esa tía sabía lo que era vivir y solo se lo enseñaba a los locos de la noche que se la quedaban mirando.

Mirarse en el espejo y no reconocer lo que ves es el peor sentimiento que puedes vivir. Es una sensación tan deprimente que te parece angustiosa, quieres cambiar el reflejo, pero no sabes cómo, no entiendes cómo empezar, ves algo tan roto que lo ves incapaz de volver a montar. Lo peor de todo es que no te das cuenta en qué momento sucedió, porque fue tan repentino que ni tú te diste cuenta de por qué te sentías mal. Hasta que te diste cuenta de que el problema eras tú: tú siempre antepones a los demás y te perdiste por no anteponerte a ti. Y con eso aprendí que uno mismo siempre tendrá que ser egoísta. El egoísmo se demuestra como algo feo, pero yo creo que es algo necesario en nuestra supervivencia, es algo vital para la gente como yo. Pues yo siempre necesitaré ser algo egoísta para no volver a perderme.

VERSOS DE CAUSA Y EFECTO

El karma existe, me repito en la cabeza tras una pesadilla.

Lo que sufro yo, lo sufrirás tú, y no sé si es que tu obsesión por mí es tu Karma, pero el no poder dejarte entrar en mi vida es el mío.

EL ECO DEL SILENCIO

Entre sombras de memorias impías.
Cautiva del pasado, la esencia se enfría.
En el eco del silencio, susurros de dolor.
El alma, marcada por abuso, busca su resplandor.

En el lienzo del tiempo, cicatrices calladas.
Abuso psicológico, la mente desgarrada.
En la penumbra del recuerdo, la voz sofocada.
Resurge una fuerza que estaba oculta, guardada.

El cuerpo, testigo mudo de un secreto amargo.
Abuso sexual, sombras que marcan el embargo.
Pero en la oscuridad, una luz titila.
La esperanza renace en cada chispa sutil.

Rompiendo cadenas, sanando heridas profundas.
La persona resiliente, entre escombros, se funda.
En la reconstrucción del ser, un verso se escribe.
De la oscuridad emerge, con valentía revive.

Esta soy yo reviviendo.

ESTÁS HECHA UN POEMA

Atrévete a mirarme, a tocarme, a acariciarme y
agarrarme con delicadez.

Atrévete a saborearme con tu boca como si de una
exquisitez se tratase.

Atrévete a sentirme, a cuidarme, a averiguarme con
sensatez y extrañez.

Atrévete a amarme, a quererme, a besarme y abrazarme.
Atrévete.

Y luego con honradez,
dime si te valió la pena
hacer de mí
un puto miserable poema.

A él no le gustaba el drama, pero yo era Shakespeare atrapado en una obra dramaturga de Federico García Lorca, con las crisis existenciales del gran pintor Dalí y con los brotes psicóticos e impulsividades de Van Gogh.

DURANTE, CONTIGO, TÚ Y YO, YO Y TÚ, ÉL...

Darth, mi amor, la persona que me sacaba una sonrisa cada vez que nos veíamos; la persona que me abrazaba sin que se lo pidiese; el hombre que me alentaba a llorar en su pecho si lo necesitaba; la persona que no solo quería ver lo bueno de mí, sino también lo malo. Él sacó la mejor versión de mí durante un periodo de tiempo. Sentí que pasé de un extremo al otro, es decir, de tener mi vida muy desorganizada, y una vez él pasó a estar en ella poco a poco se fue organizando. Desgraciadamente, más tarde me di cuenta de que estaba barriendo toda la mierda debajo de la alfombra, pero, joder, qué bien se sentía tenerlo todo "limpio".

Quiera o no, he de admitir que con él aprendí mucho. Me enseñó lo que era sentirse realmente querida; me enseñó que no solo hay que satisfacer las necesidades del otro, sino que las de uno mismo también; me enseñó a cocinar; me enseñó a no rendirme, aunque él sí lo hacía; me enseñó a quererme después de cómo me sentía y con eso me enseñó lo que es hacer el amor por muy cursi que suene. Darth arregló una parte de mí mientras mi vida se derrumbaba, y en ese sentido le estoy eternamente agradecida. Aun así, él no tenía las cosas muy claras y también estuvo intentando rehacer su vida, se fue a otro país solo. Un fallo muy grande que tenía Darth era que, a pesar de predicar su independencia y madurez, en realidad era solo un niño de diecinueve años arrastrando toneladas de escombros de su pasado que seguía siendo parte de su presente. Una vez se fue y nuestra relación terminó a la distancia, esa bolsa de toneladas acabó explotando encima de nosotros. Empezamos a hacer planes de vida conjuntamente, pues él acabó mudándose otra vez como nómada a otro país nórdico con Palpatine. Allí él me propuso matrimonio de la manera más simple, pero con las palabras más románticas que una chica de diecisiete años podía escuchar, así pues, decidí irme con él cuando acabé bachillerato. Dejando atrás mi vida, mi familia y mis amistades, porque en ese momento estar con él y salir de Barcelona pesaba más que todo eso y del hecho de empezar una carrera que no me gusta, porque en ese entonces tampoco sabía qué hacer. A todo esto, la relación empezó a flaquear mucho antes de coger ese avión, pero yo solo quería libertad, independencia, adrenalina y que él me diese amor, lo que me prometió.

QUIERO UN *OJALÁ*, PERO VIVO
EN *TAL VEZ*

Tal vez, algún día,
amanezca entre tus brazos.
Te mire el rostro y lo acaricie.
Vuelva a cerrar los ojos
para no salir de esa fantasía.

Tal vez, algún día,
tu mirada,
por accidente,
se consiga con la mía otra vez,
y en tus pupilas claras
se revele la vida que queremos.

Tal vez, algún día,
te podré recitar con mis labios
estas palabras mientras
mis manos recorren tu cuerpo,
buscando un lugar para nuestro deseo.

GALAXIAS

Sus ojos claros me vigilan día y noche, parece curioso por aprender lo que pienso. Su cuerpo me arropa por las noches dándome calor, sus labios suaves me miman durante el día, pero por la noche se vuelven salvajes. Sus manos me guían por caminos desconocidos y sus palabras me llevan a otra galaxia. ¿Quién es este ser que se atrevió a plantarme cara y darme la mano cuando nadie más lo hizo? ¿Quién es este ser que me entrega su vida? ¿Quién es este ser que está haciendo que yo también le entregue la mía?

VENOM

Le miro con una mirada seductora.
Le gimo al oído debilitando sus piernas.
Le muerdo el lóbulo de la oreja.
Le cojo el paquete por encima de los pantalones.
Le sonrío cuando mi boca está a centímetros de la suya.
Y ahí, en ese preciso instante, ahí se da cuenta de que va perdiendo.
La partida de ajedrez la estoy ganando yo.
Lo sabe, me agarra el culo y me besa lentamente el cuello.
No subestimé a mi contrincante, lo tengo justo donde quiero.
Él pensando que ahora controla la situación.
Y yo jodidamente cachonda sabiendo lo contrario.

LA OREJA DE VAN GOGH

Ese día, sentada en tu regazo y abrazada entre tus largos y firmes brazos, me susurrabas al oído un secreto. Un secreto el cual me replanteó muchos aspectos de mi vida. Un secreto donde me decías «te quiero», entre la oscuridad de la noche. Un «te quiero» que lo cambiaría todo. Qué fuerza tiene el habla que con solo dos palabras le diste un vuelco a mi corazón y a mi vida.

HOY NO ESTABAS

Hoy al día le faltaste tú.
Hoy no recibí tus mensajes de buenos días.
Hoy no pude tocarte ni abrazarte.
Hoy no pude verte ni sonreírte.
Hoy no pude caminar de tu lado con las manos entrelazadas.
Hoy el día fue triste porque le faltaste tú.

Cuando era pequeña nunca creí en el amor. Siempre pensaba que era todo una farsa, un acto entre dos personas que se aguantan mínimamente y que prefieren estar con alguien a estar solos. Cuando te conocí, no pensé que el amor fuese algo tan bonito y sincero. No pensé que me enamoraría, no pensé que tendría ganas de pasar todo mi tiempo libre con una sola persona, que cuando acababa el día que habíamos pasado se me hacía insuficiente. No pensé que querría levantarme cada día a tu lado. Cuando te vi, no pensé en todo lo que siento ahora por ti, pero supe de alguna manera que te conocí por algo, llámalo casualidad, llámalo destino o como quieras. Yo sé que tarde o temprano te tenía que conocer porque los dos estamos hechos el uno para el otro. Voy a estar a tu lado siempre, aunque no me veas o no me sientas cerca, aunque esté enfadada. Siempre voy a amarte, respetarte, apoyarte y ayudarte en todo lo que pueda. Eres el amor de mi vida y quiero pasar el resto de mi vida contigo a mi lado.

¿QUÉ PIENSAS?

Y, como dijiste, a veces, aquello que tiene una belleza única y peculiar, asusta.

«Por eso, mi amor, se te quedan todos mirando cada vez que sales a la calle, pero nadie es capaz de hablarte.

Por eso, el que tiene la valentía de hacerlo acaba averiguando que, a pesar de lo bonita que eres, también eres de aquellas mujeres con el corazón roto, pero que, a pesar de ello, sonríes a la vida como si tuvieras miedo a perderla».

DISCUSIÓN

Pienso en ese día en el que sentí que te decepcioné. Por la mirada que me diste, se me revolvieron las tripas y sentí un dolor en el pecho como si una ola chocara contra mi corazón para llevárselo. Ese agua salió por mis ojos mientras te abrazaba, prometiéndome a mí misma que no quería volverte a hacer sentir así nunca, porque su dolor era mi dolor.

JÚPITER Y VENUS

Me pusiste los pies en mi ingle, las manos entrelazadas, y yo sujetada por ti parecía una especie de Superman. Volaba a centímetros de ti, pero era la única visión que quería. Caí a tu lado en la cama y nos reíamos a carcajadas sin saber que acabarían siendo uno de esos recuerdos concretos de buenos momentos. Mi hogar, él era eso, él era mi felicidad. Pues las heridas a su lado ya no dolían.

CARTA A DARTH

Querido Darth:

Me dueles, me dueles mucho a veces. No sé si eso es bueno, siempre acabamos en un perdón, pero el sentimiento profundo de dolor en el pecho es algo que he sentido en breves ocasiones de mi vida, pero tú, tú puedes evocar ese dolor con una sola palabra, con un solo gesto, con una mirada, a veces lo evocas sin darte cuenta y me siento de porcelana por sentirme de esta manera por estupideces. Me gusta ser sigilosa para no hacerte ver que no lo hiciste, aunque sea mentira, pero la vergüenza de quien soy y lo que he pasado sigue haciéndome sentir sucia, insuficiente para ser tuya. Hay veces donde me hubiera enfadado y te hubiera dejado de hablar por un rato porque evocaste dicho sentimiento, dicho dolor, pero no siento que haya justificación alguna, por eso me gusta tragar mis lágrimas de cocodrilo. No quemé la carta, no borré la carta de esa noche donde me hiciste añicos mi alma, mi corazón.

Tengo ganas de llorar, pero contigo. Quiero llorar en tu pecho porque si me abrazas mientras lloro mis penas, siento que de alguna manera tampoco llegan a ser tan estúpidas. Sigo sin saber quién soy, dónde voy, qué haré, sé que quiero seguir a tu lado al menos todo el tiempo que el destino nos haya juntado. Con todo, no quiero sentir ese dolor, porque va y viene. Que haya aprendido a vivir con ello no significa que no haya días donde se intensifique más. Pues mi imagen en el espejo empieza a recobrar sentido, mi imaginen empieza a tener forma, veo mi silueta. Quiero seguir construyendo esa silueta yo sola, paso a paso contigo mirándome mientras se te hincha el pecho de orgullo, el poder decir que soy tuya de igual manera que tú eres mío. Quiero ser tu pilar, tu lugar feliz, como tú lo has sido desde el minuto que me miraste esa noche, y quisiste quitarme un poco de ese dolor. Me diste una oportunidad aun sabiendo lo rota que estaba, y no sé exactamente por qué escribo esto, creo que es porque, de alguna manera, aunque no lo llegues a leer, quiero saber que te escribí algo dándote las gracias desde el fondo de mi pequeño corazón gigante.

ALMAS ENTRELAZADAS

La luna me miraba, al igual que las estrellas. Me observaban y se sorprendían al ver mi rostro de placer, al notar la picardía en mis ojos por los pensamientos que cruzaban mi mente mientras mis caderas se movían a un ritmo constante y acelerado sobre ti. Nuestras pieles se tocaban, calentándose en el frío invierno de Barcelona, mientras nuestros gemidos se fundían en el silencio de esa noche en la azotea. Nos prometíamos mutuamente con la mirada que íbamos a luchar por esto, que podíamos confiar el uno en el otro, porque eso es amar, eso es amar a alguien. Sentir una conexión mental y física tan profunda donde a veces no hacen falta palabras para describir lo que sentimos el uno por el otro.

CARTA A DARTH

Estimado Darth:

Cómo te explico que siempre me veía mal al alzar la voz, que cuando quería explicar algo que me parecía interesante o me emocionaba, siempre fui y soy interrumpida porque no les importaba. Cómo te explico que, cuando quería un abrazo, recibía una espalda. Cómo te explico que cuando he intentado explicar mis miedos y mis más íntimos secretos se me ha tomado por falsa o irrelevante. Cómo te explico que mi personalidad dura, fría y pasota es solo una coraza que he creado a lo largo de los años. Cómo te explico que cuando me miro al espejo me cuesta reconocerme por todos los golpes que me he pegado en la vida. Cómo te explico que, aunque aún no sepa explicarme y abrirme, he aprendido a admirar lo que les resalta a los demás.

Aun así, quiero explicarte mi ansiedad y cómo me siento cuando no se me aclaran las cosas o simplemente paso demasiado tiempo en mi cabeza. Mi ansiedad es como mi propio genio maligno, un ser creado por René Descartes cuyo objetivo es hacer dudar de todo, hasta las cosas indudables. Es una voz muy sociable y ruidosa que se hace amiga de mis otras voces, esta voz quiere hacer dudar de las ideas claras de mi mente. La que se encargaba de hacerme cumplidos ahora solo dice: «No eres lo suficientemente guapa»; la que me daba confianza me grita: «No sirves para nada», «No vas a llegar a nada», «¿Qué pretendes lograr tú?»... Esta voz socializa tanto que viaja por mi mente hasta mi corazón, que hace que baile a un ritmo más rápido, mis pulmones no llegan a ese ritmo, cansándose y dejándolos exhaustos. Finalmente, llena mi estómago de nudos que me gusta llamar inseguridades, creando dolores, arcadas, quitándome el apetito.

Es difícil, es difícil fingir estar bien, aparentar, ser fuerte cuando por dentro te estás muriendo. Esconder todo detrás de una sonrisa y un «Sí, todo bien» es cansado; ayudar a las demás personas a que se sientan bien cuando tú estás roto por dentro también. Duele dar todo lo que se tiene para recibir un «No estás, no lo quiero, no ha sido suficiente». Mírame ahora, soy un desastre que no sabe ni lo que hace, ni lo que piensa, ni lo que siente. Llevo tiempo en el balcón, intentando escaparme de esto. Dejo caer mis últimas lágrimas, no lloraba por lo que implica ahora mismo no tenerte aquí, sino porque tengo la oportunidad de quedarme, estar juntos, y no sé qué me va a hacer más daño, si decirte que no y reclamármelo toda la vida, o decirte que sí, para volver a fingir que todo está bien cuando no es así. Yo estoy decidiendo quererte, quererte mucho y amarte bien. Al menos, aprender a hacerlo poco a poco, día a día. Querer de verdad es pensar más en el beneficio del otro que en el de uno mismo. Querer de verdad es discutir sobre el presente, no el pasado, reconciliarse con soluciones eficaces para los dos, es un aprendizaje bonito. Es echar raíces en libertad.

Eso en nuestra relación muchas veces no existe, y he mirado todos los mensajes desde marzo y, amor, desde el fondo de mi corazón te amo, pero siento que después de todo lo que he hecho y he pasado ha habido momentos que no me has merecido. No me has valorado y esto lo llevo arrastrando, el peso no se va hasta que me aseguras que me amas, que cuando me escribiste «te necesito a ti y solo a ti», «a quien amo es a ti», «lo siento con toda mi alma», «vivo por ti», me llegan palabras vacías y me duele en el alma. Porque lo único que hago es pensar en ti, en resolver tus miedos, tus dudas. Perdón de todo corazón por no poder ser tu salvavidas ahora mismo, estoy intentando serlo, pensaba que lo estaba consiguiendo, por eso quiero darte las gracias. Por seguir a mi lado a pesar de que no soy la mejor persona, a pesar de que no tengo el mejor carácter, a pesar de que a veces no hago las cosas de la mejor manera, gracias por estar a mi lado.

Te amo demasiado. Te amo por cómo me haces reír, por lo guapo que eres, por tus buenos consejos y tu comprensión. Te amo porque me fascina cómo piensas, cómo hablas, tus vivencias. Te amo por cómo me besas, por cómo me has enseñado a hacer el amor. Te amo por enseñarme que en la vida uno a veces no consigue lo que quiere, que es bueno fallar a veces, es bueno ser débil a veces. Te amo por cómo me arropan tus brazos, por tus caras cuando ves una peli o algo que te gusta. Por cómo se iluminan tus ojos al hablarme de *Star Wars*, por tus detalles, por tus caricias, por cómo te preocupas...; por infinitas cosas te amo, pero sobre todo te amo porque me demostraste una vez que las personas podían cambiar con voluntad. Aun así, también quiero decirte que te amo y te extraño mucho, pero no te extraño de ahora, sino de siempre.

Mi hogar, mi amor, mi felicidad. Ahora mismo quiero que tomes lo siguiente como amiga antes que como pareja. Es totalmente válido estar triste, tener esos días donde absolutamente nada nos llena, donde simplemente la frustración nos consume y agota nuestro estado físico y mental. Está bien llorar, gritar y simplemente tomarnos una pausa de muchas cosas en nuestra vida; eso no significa en absoluto que estemos fracasando en la vida, y mucho menos que no la estemos aprovechando. Todos son procesos que toman su tiempo, y hay que respetar esos tiempos. Eres valiente, y ser valiente significa enfrentarnos a nosotros mismos, escucharnos, comprendernos y amarnos sobre todas las cosas. Tú eres la persona más valiente que he conocido en este mundo. Eres alguien tan especial, con tanto potencial para enseñar al mundo entero, y vales tanto la pena que todas las personas que conoces tenemos el honor de formar parte de tu vida. Eres un campeón, y sé lo mucho que vas a triunfar en la vida. Pero, como te dije antes, poco a poco, día a día.

Ojalá te vieras con mis ojos.

Te ama tu amiga, tu amante, la mujer que quiere ser tu compañera de vida.

Darth técnicamente sufría de depresión, su inestabilidad y la mía empezaron a ser incompatibles. Aquello que nos unió, poco a poco nos rompió. La distancia tampoco estaba de nuestra parte. Así pues, técnicamente, él solo se fue para ahorrar un tiempo y volver para independizarnos juntos.

SOY ASÍ

Me gustan los libros raros.
Pasear por la playa y escuchar el mar.
El café sin azúcar y un poco de canela.
El amor a la antigua.
El sexo sin tabú.
Las flores, sobre todo los girasoles.
Disfruto de la luna en las noches húmedas.
Viajar.
Conocer pueblos y montañas.
Disfrutar de una cerveza con buena compañía.
Dejarme llevar en el teclado del ordenador a las tantas
de la noche.
Evito remover el pasado.
Decir adiós sin que la otra persona sepa de dicha
despedida.
Implorar amor no es parte de mi naturaleza.
Saboreo las cosas simples,
como si de uvas se tratasen,
como el amor en las olas,
la poesía en las partituras,
y tus abrazos después de un largo día.

Remix del poema «Conóceme», de Andrés Alfonso

LAMENTO BOLIVIANO

Me falta que nuestros cuerpos se vuelvan a tocar. Me falta que suden como animales enjaulados con calor y esa mirada feroz.

Me falta que luchemos por la dominancia como dos leones salvajes. Me falta tenerte encima haciéndome y obligándome a decir que soy tuya.

Me falta cabalgarte para enseñarte qué lento es como se intensifican nuestros pensamientos.

Me falta que me escupas en la boca y me beses el cuello mientras te tengo dentro.

Me falta que me liberes, porque eso es lo que haces cuando me llevas a la cama. Lo que sé es que igual que tú me haces falta, yo también te hago.

EL JUEGO DEL TELÉFONO

Hay personas que hablan de mí, cuentan historias como si me conociesen.

Me juzgan por las cosas que digo y por las que no digo.

Por mis experiencias buenas y por las malas también.

Por mi manera de hablar y por mi forma de ser.

Pero sabes qué te digo: menos mal.

Menos mal que hay gente que te recuerda cada día cómo no quieres ser.

Menos mal que nos recuerdan que todos somos diferentes, que todos somos raros.

Porque en este mundo tan atípico,

uno puede ser todo lo que quiera ser, y pobre del que aspire o se considere normal.

ESPERARÉ

Aquí te espero, mi amor.
Espero verte pronto.
Espero sentir tu piel debajo de mis dedos.
Espero abrazarte y sentir como tu olor me embriaga.
Espero escucharte decirme "te amo" en tu presencia.
Espero esos besos peculiares en la mejilla.
Espero esos besos largos y salvajes.
Espero verte sonreír como yo sonreiré al verte.
Espero a tener esas conversaciones cara a cara.
Espero poder reírme contigo y poder empujarte de la risa.
Espero dormir a tu lado.
Espero despertar a tu lado y ver cómo me miran esos
ojos verdes esmeralda.
Espero tener esos momentos únicos nuestros.
Me da igual cuánto tiempo, yo te espero, mi amor.

QUIÉREME

Quiero que me quieras como yo te quiero
Pero mira que te digo que tú quiéreme como yo quiero
que me quieras sin querer quererte. Porque me sale
querer quererte, por poder verte querer que me quieras
querer, porque mi amor es como un hilo que cose lo que
se rompe, al querer decirte que quererme como yo me
quiero es como deberías de quererte, sin que yo te tenga
que querer.
Por eso te digo que quiero que me quieras como yo te
quiero. Pero, aun así, me doy cuenta de que querer que
quieras quererme es un planteamiento erróneo, que he
creado sin querer.

PRÓRROGA

Confusión e impotencia fue lo que sentía cuando estaba con él en nuestro piso, sentía que había conseguido la vida que quería, que necesitaba, y no me di cuenta de que lo construí todo alrededor de él. Sin él, esa vida que había creado no tenía sentido, se me olvidó que era mi vida y que la protagonista debía ser yo misma. Habíamos vivido tanto en tan poco tiempo que él ya formaba parte de mí. Cuando todo empezó a ir mal, mi corazón no lo comprendía, y mi cabeza tenía miedo; perdí toda mi autoestima y amor propio porque soy una persona que no sabe soltar, mi tozudez lo quería a él, quería que nos siguiese abrazando y queríamos que alguien nos siguiese cocinando fritos y pasease por la noche. Mi corazón y yo queríamos ver películas con él, bailar en el comedor con él, queríamos que esa propuesta de matrimonio se cumpliese, queríamos tener un futuro en conjunto con él, pero ese amor no estaba destinado a ser. No comprendía que yo aún no había vivido mi vida, que no debía estar salvando a nadie. Yo aún no me había encontrado, ni sanado e, irónicamente, la vida me lo quitó de la única forma que sabía que haría caso y era reviviendo mis miedos más profundos, se transformó en mi pesadilla viviente. A veces me pregunto cómo la gente que lo era todo puede llegar a olvidarlo todo o hacer como si nada…

Tú triste y yo enamorada de esa tristeza…

COMPARACIONES

Ni él me trató como tú me tratas, y yo sigo aquí esperando que algún día te acurruques conmigo en la cama y me acaricies el pelo como lo hacías, que me beses la cara como lo hacías, y que me abraces con fuerza como cuando tenías miedo a que desapareciera.

CONSPIRACIÓN LUNÁTICA

Mis ojos marrones mirando ese cielo gris, tu orgullo dándose cuenta de que no me tienes. ¿Tú qué sabes de malestares ni de esfuerzos? Escribo en la ventana de la habitación donde los colores ya no llegan, igual que tus palabras; tus «te quiero» los escucho como una voz lejana, pero no me llega nada, no lo siento. Grítale a otra por utilizar la toalla que yo misma puse ahí, que yo misma lavé. ¿Dónde estás?, ¿dónde te fuiste? Te necesito, no eres tú, dámelo de vuelta, dame el hombre que fotografié esa noche en su cama después de hacer el amor, devuélveme ese ser que me llevaba a otra galaxia, dame el hombre con el que caminaba a las cinco de la mañana por la Sagrada Familia. Quiero ese individuo que me hacía sonreír, que me escribía cartas y poemas, que me enviaba música. Quiero ese amor genuino y culto donde las conversaciones tenían principio, pero no fin; te lo ruego, devuélvemelo. A este le ha cambiado la mirada y le tengo miedo. ¿Por qué no me dejas ir? ¿Por qué has tenido que llegar al «si no eres mía, no vas a ser de nadie»? Te vas, me agarras de los dedos, pero empiezan a deslizarse y sé que dentro de poco caeré, dentro de poco me soltarás y sé que serás tú quien tome la decisión. Porque yo seguiré aquí, esperando como una imbécil a ver si vuelves de verdad, porque aún te quiero, aún te amo. Y cuando me sueltes, lloraré, porque me dolerá más que cualquier caída, más que cualquier golpiza, y será mi fin; otra etapa empezará, habrá un antes y un después de ti. Habrá que marcharse sin mirar atrás, y la última puñalada será cuando esté en Barcelona, porque conociéndote, sé que no sabrás estar solo, no sabrás… y te irás con otra y todo mi esfuerzo será en vano. Me apuesto a que no tardarás ni dos meses en reemplazarme, me apuesto que esta conspiración tendrá sentido y que yo escribiré para no acabar como cuando te conocí.

MARRY FUCKING CHRISTMAS

Ella es una mujer que envejece como el vino. A pesar de su juventud y su apariencia inocente, es de esas mujeres que se paran en el balcón a observar la vida de la ciudad. Es de aquellas mujeres que se preparan una copa en la cocina y se lo toma en la comodidad de un sofá, un balcón, o una cama, pero siempre cerca de una ventana para que, cuando encienda el verde y empiece a fumar, sus pensamientos se vayan con el humo en la oscuridad de la noche. Irá semidesnuda porque no hay mejor sensación que el aire embriagando la piel; más tarde abrirá la nevera mientras tiene a su amiga en el teléfono y comerá las sobras del día anterior. Acabará el día poniendo una película y preguntándose cómo el arte del ser y no ser puede llegar a ser tan incomprendido, y cómo su vida no se representará en un canva de óleo. Esa musa no será recordada en la aptitud de la pintura, ni en los poemas de tulipanes, pero sí en la memoria de los que han tenido el placer de conocerla.

I LOVE THE WAY YOU LIE

Creo que, tal como dicen Rihanna y Eminem en su canción «I love the way you lie», me gusta demasiado ser quemada por tus mentiras, me gustan los latigazos de tus insultos, me pareces hermoso hasta cuando me miras con odio. Ese es el poco respeto que me tengo. Te pido disculpas por todo, pero me gusta arrodillarme ante ti y adorarte. No sé explicar este sentimiento contradictorio. Pero igual que una polilla corre a la luz ciegamente a quemarse, tú haces que mi alma se desgarre por ti. Creaste una adicción de tantas veces que amenazaste en irte y ahora no logro dejarte ir, te necesito como si de ti me alimentara, como si de ti dependiera mi vida, y está todo en juego porque me convierto en una equilibrista borracha que camina sobre un hilo y solo tú tienes las tijeras para cortarlo.

NO SERÉ LA PRIMERA, PERO SÍ LA ÚNICA EN MI RELACIÓN

Yo puedo entender eso de no ser la primera, porque, para qué mentirnos, todo el mundo desearía haber conocido a su «verdadero amor» el primero y haberse ahorrado los años en otras relaciones «innecesarias», lo cual todo el mundo sabe que son las personas actuales gracias en parte a estas relaciones innecesarias. Hay gente con suerte y aciertan a la primera, que también puede ser. El único "pero" es el no entender que no te hagan sentir la única. Correcto, habéis leído bien. Es como vivir con el fantasma de Canterville, realmente esa persona que hoy en día se denomina ex o algún antiguo «ligue» muchas veces ni está realmente presente, pero tu «amor verdadero» hace que hasta sueñes con gente que ni conoces. Por eso recomiendo cortar de raíz el problema y buscar un nuevo «amor verdadero», porque el que no te prioriza te saca la sonrisa.

HILO ROJO

¿Sabías que el apego está formado por la vasopresina, la «hormona de la fidelidad», y la oxitocina, la «hormona del amor»? No me preguntéis por qué sé eso, pero lo leí hace tiempo y sigo preguntándome cómo todo puede ser tan meramente químico, algo tan simple. Para mí, el apego es algo tan indescifrable como un rompecabezas. ¿Cómo puedo sentirme tan atraída por alguien? ¿Cómo puedo sentir ese apego hasta el punto de necesitar esa persona en mi vida por pura satisfacción propia? Un apego de «culo veo, culo quiero», un apego como el que habla la leyenda china del hilo rojo. Aunque aquí lo único que quiero saber es… ¿cómo lo deshago?

TRATO CON ASMODEO

Una vez hice un trato con el diablo, pues no sabía que era él. Pero, cómo no, el diablo sabe más por viejo que por diablo, pues se disfrazó. Cuando yo conocí al diablo, este se presentó ante mí como un hombre alto, fuerte, con ojos como esmeraldas que te prometían una vida eterna.

Tenía un olor varonil que por alguna razón olía a un lugar seguro. La primera vez que esos ojos me miraron mi mundo colisionó. Ese ser tan hermoso absorbió mi dolor, mis angustias, mis miedos, todo lo malo, y lo guardó con llave en una cajita, prometiéndome eterno amor, reconciliación, belleza; me prometió el sol, la luna y las estrellas; me prometió el mundo, los poemas más profundos; me prometió felicidad eterna. Qué necia y ciega estaba, que no sabía que nadie hace un trato tan bonito sin nada a cambio, que el diablo solo hace tratos por el alma, por esclavitud, por maldad... Qué necia estaba, que ni la letra pequeña leí y los dos firmamos con la misma tinta en una hoja mustia en una libreta de corcho. Poco a poco vi que algo no andaba bien, sus manos empezaron a parecer garras, sus besos de rosas parecían veneno en mi piel, y su poesía se convirtió en órdenes, insultos, abusos y mentiras. Una vez más, atraparon a la princesa en el castillo, pero esta vez ella dejaba de tener fuerzas, su alma iba siendo devorada poco a poco por ese ser hermoso, pero el diablo siendo diablo empezó a enseñar su verdadera cara. Los cuernos empezaron a salir, esos ojos se volvieron negros como la oscuridad y, cuando los mirabas, un escalofrío recorría mi cuerpo y temor era lo que me hacía sentir. Era temor a perder al diablo, a perder esa fantasía del principio, el falso amor jurado por él. Era temor a no saber vivir sin él, temor a no encontrar algo mejor, pues el diablo consiguió lo que quería. El diablo sabía que sin él el mundo de su bella princesa colapsaría y era ese poder sobre ella que lo volvía más afanoso, más fuerte, más feliz.

Pero esta princesa no es como las demás, esta princesa recogió los miles de piezas de su corazón, los unió por muy mal que quedasen y encontró la cajita que el diablo cerró con llave. Una noche fría de luna llena, aprovechó que el diablo estaba durmiendo profundamente y decidió abrir esa cajita para afrontar todo su dolor de una golpiza. La princesa, temblando y llorando, echó el último vistazo al diablo que ella pensó ser un buen hombre y se fue sin mirar nunca atrás, da igual dónde fuese porque ella sabía que cuanto más lejos mejor estaría. Corrí y corrí hasta no reconocer los alrededores, solo había una cabaña nevada en medio de ese gran bosque. De repente, una mujer muy linda y amable la acogió. Esa mujer escuchó la triste historia de la joven princesa y asintió. Pero en sus ojos se podía ver que ella también conoció su propio diablo y vivió su propio infierno con él, y fue así como esa princesa no se sintió sola, supo recomponerse y entendió que no hay un final infeliz, que existen todas las oportunidades que uno mismo se ponga, que la persona en la que tenía que confiar y superar era ella misma. Entendió que por ella y por todas esas mujeres lindas y princesas jóvenes debe luchar, debe vivir, debe ser feliz, debe seguir adelante.

LA TORMENTA DEL SIGLO

¿Y alguna vez has visto la lluvia? ¿Alguna vez me has visto llorar? Lo dudo. Yo solo he llorado con una persona y nunca me vio llorar. Veía cómo caía la lluvia, pero, aun estando delante, nunca vio cómo se me caían las lágrimas.

LA PUERTA DE LA DUDA ETERNA

Ahora pongo en duda todo.
Porque te expliqué mis miedos,
te enseñé mis cicatrices,
te expliqué mis problemas,
te lloré en el pecho,
te enseñé mis pesadillas.
Pero no solo eso,
te recogí de la mierda en la que estabas;
te abracé, llevándome tus miedos;
te cuidé sin saber cómo cuidarme a mí misma;
te seguí cuando te largaste a otro país.
Te amé.
Y me dejaste tirada como una puta caja de Marlboro.

¿Por qué?

LLORONA

Te fuiste sin que yo te conociese.
Te fuiste y sentí el vacío más grande de mi vida.
Te fuiste en un río de color vino.
Te fuiste sin decir ni adiós ni hola.
Te fuiste sin yo saber qué eras...
Te fuiste porque sabías que aquí no te esperaba nada.
Te fuiste como cuando las estrellas fugaces pasan por
encima de nosotros en una milésima de segundo.
Te fuiste y, sin conocerte, supe que te quería.
Te fuiste y te llevaste un pedacito de mí.
Te fuiste sin tener vida ni muerte.
Pero mejor, así nos ahorramos una tempestad los dos.
No quiero escribir más sobre ti, porque ni fuiste ni serás.
Aún no sé qué realidad me duele más.

EL FONDO

Ese momento en el que estás llorando en el suelo de tu cocina y te preguntas dónde fue que la cagaste tanto. ¿Cuál fue el momento exacto donde todo empezó a ir cuesta abajo? Y de repente piensas: «A la mierda, si de aquí las cosas no me pueden ir peor. Que les den a todos, lo mínimo que se merece uno en esta mierda de mundo es tener paz». Diría «ser feliz», pero pocas personas entienden que la felicidad no es un estado de ánimo, son momentos concretos que desearíamos que fueran eternos. Pero ese no es mi punto ahora mismo, sino el hecho de que si llegas a tocar fondo, lo único que queda es estancarse o subir. Uno solo mejora cuando su objetivo principal es superar a la persona que eras antes, superar a la persona que cometió esos fallos, ganarse a sí mismo y poder sacarles el dedo en la cara a los que no creyeron en ti.

DESPUÉS DE TI

No existe un después de situaciones y recuerdos. Existen los hincha tu pecho, sube la barbilla, pon cara de mala hostia y sigue. Existen los «ponle huevos, aunque todo te pueda». Existen los «mejora, pero perdona con humildad y respeto ante todo». Aprender a no vivir del pasado ni vivir para el futuro. Vivir el presente es lo seguro, aunque siempre con astucia; yo personalmente no tengo tiempo que perder.

Hay que autoconvencerse cuando uno mismo no se cree que lo puede conseguir. Me convertí en mujer a una edad temprana, muchas responsabilidades, y vivencias desagradables. Nunca se me han puesto las cosas en bandeja. Intenté ignorar el regalo de la vida buscando amor en hombres despreciables; intenté deshacerme de mi realidad viviendo la de otra persona. Pero luché, seguí trabajando siempre con el mismo objetivo en mente y, a pesar de todo, volví a Barcelona hecha una pieza.

Sin embargo, dejé atrás a alguien que se convirtió parte de mí. Al coger ese avión de vuelta noté como desaparecía una parte de mi ser. Y al aterrizar volvía a estar perdida, en el mismo punto en el que comencé hace dos años y medio. Pero esta vez sabía cómo tomarme las cosas; aprendí a curarme las heridas; aprendí a seguir adelante como siempre, pero con disciplina. Reemplacé mi odio y mi tristeza por paz, y mucha fe. Con ayuda de terapia y boxeo logré canalizar una vez más mis sentimientos. Mejoré mi entorno y con ello tuve que dejar ir a muchas personas que no me aportaban nada. No solamente perdí lo que yo pensaba que era el amor de mi vida, perdí amistades, y con ello la soledad me invadió. Aprendí a estar sola sin sentirme sola y poco a poco la gente correcta empezó a aparecer en mi vida. Dios escucha cuando pones fe en él ciegamente. Así pues, en este capítulo se presenta ese esfuerzo en dejar el dolor, y para ello hay que vivirlo y sentirlo.

LA FLACA

Tú querías una princesa, una niña tonta sin criterio alguno. Una chavala que folle bien, esté buena, sepa vestir y tenga el coco hueco.

Lo siento por romper tu estereotipo y el de casi todos los hombres con los que me he chocado.

Soy de las mujeres que llevan demonios dentro, soy de las mujeres que tienen metas, de las que se rompen la espalda trabajando. De las que tienen un gusto musical raro, como decís vosotros, aunque a mí me gusta llamarlo culto.

Soy una mujer con criterio, que observa, que lee bajo la luna, que pasea por la noche cuando no puede pegar ojo. Soy una mujer que cuida a los suyos, una mujer que viste con botas de *Pretty Woman* y de segunda mano.

Soy una mujer pícara que parece inocente, pero es guarra. De las que te desvirgan cada vez que te pierdes en las sábanas con ella. De las que saben hacerlo crudo y salvaje, pero con una suavidad única.

Soy una mujer impar, con cara muy dura, pero de corazón muy blando que no supiste cuidar.

MARUJAS

Amistades falsas, como el maquillaje que oculta la verdad.
Brillan superficialmente, pero se desvanecen con la
realidad.
Como un espejismo en el desierto abrasador,
ilusionan con promesas que se desvanecen en dolor.

Son como las olas que ocultan rocas afiladas,
aparentemente inexistentes, pero te cortan cuando te
acercas.
Como un lobo disfrazado de cordero,
esconden sus pensamientos verdaderos con misterio.

Como un árbol con raíces podridas bajo tierra,
prometen estabilidad, pero se derrumban en la tormenta.
Como una máscara que oculta la verdadera identidad,
esconden sus intenciones detrás de una falsa amabilidad.

En la película de la vida, las amistades falsas son actores
pobres que representan papeles, pero carecen de
verdadero valor y talento.
Prefiero la soledad a la compañía traicionera,
porque en la autenticidad encuentro mi serenidad y
dignidad.

Adiós, cerdas mentirosas.

A UN PENSAMIENTO DE TI Y A MIL
DE LA REALIDAD

Una vez más, mi subconsciente vuelve a jugar conmigo. No estás y no existes, pero duele. Duele tanto que el verde del cáñamo es lo único que me incita a escribir y, a la vez, enmudece mi cabeza. Los días pasan y pasan, y todo parece monótono a pesar de lo mucho que me esfuerzo por cambiarlo. Los cafés saben igual, la gente es distinta, pero la sensación es la misma. Un bucle desenfrenado consumiéndome lentamente mientras me destruyo a la luz de la luna.

MENSAJE AL FRACASO

He fracasado, a veces como hija, otras como hermana, como pareja y como amiga. No siempre digo lo correcto, no soy la mujer más linda del mundo, pero soy yo. Y estoy aprendiendo a mejorarlo todo, a ser feliz sin la ayuda de nadie. Tengo cicatrices, cicatrices que hacen que grite por las noches, que me esconda cuando alguien me toca, que llore cuando no sé expresarme. Pero son las mismas cicatrices que hacen que sea impulsiva, que sea constante, que quiera hasta desgarrarme el corazón por ti, que disfrute de cada momento de la vida, que tome las oportunidades presentadas, que quiera ayudar y conocer a gente. Son esas cicatrices las que hacen que sea la persona de hoy y no me arrepiento de ello ni por un segundo. Sé que hay gente que no querrá entenderme por verlo todo muy complicado y otras que estarán a lo largo del camino, pero al final todo merecerá la pena.

MIRANDO ESTRELLAS

Hace poco escuché la canción mirando estrellas, una obra de arte. Me removió varios sentimientos que tenía dentro, que ni yo misma sabía que tenía. A veces se me da demasiado bien enmascarar esos sentimientos hacia mí misma, autosaboteándome. El corazón se me hundió y pensé en ti, te echo de menos. Recordé los buenos momentos que empiezo a compartir con alguien que no eres tú y lo único que siento es tristeza. Te convertí en un pilar en mi vida, me diste la mano para luego quitármela, y a día de hoy me pregunto de nuevo: ¿por qué? ¿Qué hice mal? ¿Por qué no me quisiste? La noche envuelve mi dolor y la penumbra sofoca mi cuerpo. Una vez más, miro al cielo rogando por mi vida, pero ella calla, y yo solo quedo mirando estrellas.

LA ASTILLA QUE ATRAVESÓ EL ROBLE

No me gusta rebullir el pasado, pero a veces no hay otro remedio que hacerlo cuando no quieres tropezar con la misma piedra. Porque lo que más nos duele es lo que mejor sabemos esconder a nosotros mismos, no querer revivir ese dolor, ese sentimiento que te deja el estómago como una piedra y el corazón vacío, pero pesado simultáneamente.

Me consumiste, me consumiste como el fuego consume la madera, lentamente, haciendo que arda poco a poco, en ese calor tan petrificante, no sé si de lo bueno que parecía lo nuestro o del miedo que te tenía. Las cenizas eran mis gritos de ayuda que no llegaban a ningún lado, eran las lágrimas que derramaban mis llantos callados bajo la luna que reflejaba en ese piso descuidado de Dublín. La oscuridad de la noche fría donde estaba nuestra hoguera era la escena de un crimen de abuso y de mentiras. Los vecinos y tu familia que se calentaban alrededor de la hoguera eran cómplices de esa penitencia.

Cuando no dejaste nada más y era meramente polvo, el mundo calló. El silencio reinaba. Se escuchaban graznar a los cuervos del barrio y las gotas de humedad caían de los tejados al suelo congelado, marcando un compás arrítmico. Reinaba la paz, pero empezó otra guerra dentro de mi cabeza y mi pequeño corazón gigante.

TÚ TAMBIÉN TE FUISTE SIN DECIR ADIÓS

El abandono de lo que pensabas que era un refugio duele. Tus mensajes diciendo que estabas ocupada constantemente evitando escuchar mi voz duele. Sabías que te necesitaba e igualmente preferiste girar la cara y hacerte la inocente. Perder tu amistad me ha dolido. Escuchar que es tu cumpleaños a través de amigas en común y saber que yo no voy a estar ahí para celebrarlo contigo duele. Fuiste la primera persona que llamé cuando abusaron de mí. ¿Aún piensas que no te importaba? Lo sabías. Pero preferiste hacer tu vida sin mis problemas. ¿Qué clase de amiga eres? ¿Qué clase de persona eres? Tu silencio y tus actos fueron claros como el agua. Preferiste intentar follarte a mi primo que verme a mí después de haber estado lejos durante un año. Decidiste que era más fácil no decir ni adiós correctamente, decidiste por las dos el dejar esa amistad atrás. No te olvides, zorra, que yo sí estuve cuando me necesitaste.

UN PITI CON SOLEDAD

Hoy, en la madrugada de un domingo, me he fumado un cigarrillo con Soledad, pues es la persona más cercana a mí en este momento, pero, Dios, cómo la detesto. Últimamente voy con ella de la mano a cualquier lado, pero cuando entrelaza sus dedos con los míos se me revuelve el estómago y tengo ganas de vomitar. En ese momento es cuando aparece mi otra gran amiga, Ansiedad. Nunca me apetece verla, pero es de esas personas que, si te las encuentras por la calle, por cojones has de saludar. Algún día me tocará fumarme un cigarrillo con ella también, pero por ahora con Soledad ya tengo suficiente.

Es fascinante cómo ella me recuerda tanto a ti. Me gustaría reemplazarla por ti, pero sé que en esta vida será imposible. También sé que Soledad está aquí para enseñarme, para hacerme una persona más dura, pero a veces solo quiero un abrazo tuyo en el que descansar. Supongo que no me servirá de nada pensar eso, así que... nada, seguiré a lo mío y te desearé lo mejor hasta que dejes de ser un cobarde.

CRUZ DE NAVAJAS

Para poder redactar algo, siempre pongo un destinatario. No me fluyen las palabras si siento que nadie va a leer esto y me va a entender. Es extraño porque a la vez no quiero que nadie lea ni sepa nada sobre mis pensamientos. He empezado a ayudarme, es decir, a cuidarme y priorizarme. ¿Cómo? El primer paso que hice fue entender que necesito ayuda: no hago más que ponerle parches a mis cicatrices. Por eso estoy viendo a una psicóloga que sorprendentemente me hace ver lo que ya sé, pero no quiero admitir; hace que me enfrente con mi monstruo interior y eso me da miedo. Cada vez que salgo de esa consulta, mi consciencia empieza a ir a mil por hora y en casa acabo colapsando o caminando por las calles. Pero me gusta porque eso significa que está teniendo efecto mi terapia. Por otro lado, estoy intentando cuidar mejor mi aspecto físico, porque me lo merezco. Porque siento que es algo que siempre he puesto de lado y quiero verme guapa para poder sentirme guapa.

A pesar de todo, siento un vacío en mi interior. Me falta motivación para hacer las cosas porque me paso el tiempo comiéndome la cabeza con una sola pregunta que nunca acabo de tener una maldita respuesta: ¿por qué me han hecho esto? Al principio también me preguntaba si yo era la que había hecho algo mal. Pero repasando detenidamente cada momento que supuestamente hice algo mal, y no. No hice nada mal, me hicieron pensar que sí. Fui víctima de un mentiroso narcisista, egoísta e impulsivo de mierda. Lo he querido, hasta le he llegado a amar, y por mucho que haya sentido todo eso por él, ahora tengo odio, tengo rabia, tengo tristeza, enojo... Siempre tendré un lugar para él en mi corazón, de querer que esté bien y todo eso. Pero esta vez no me voy a hundir sola, me voy a llevar el barco y la tripulación entera.

Y te preguntarás: ¿cómo mierda vas a hacer eso, Sarah? Muy fácil: voy a superar la mejor versión de mí, ya no solo llegaré a la mejor versión, sino superar esa versión. Sé que voy a tardar años en hacer eso, pero he dado mis primeros pasos y eso es un comienzo.

OJO DE LOCA NUNCA SE EQUIVOCA

Esa conspiración fue cierta, acabó siendo real. Me pregunto si se parecerá a mí, me pregunto si es tan caótica como yo o esta vez decidiste jugar por lo fácil y encontrar a alguien sumiso. Me pregunto si piensas en mí o en las otras cuatro cuando estás con ella. ¿Cuando vas a la cama con ella te equivocas de nombre o simplemente le pides que haga las cosas que yo hacía por ti para que sea más fácil? Me pregunto si con ella también te arrodillarás y le pedirás que sea tu eternidad, ya que la primera vez te salió el tiro por la culata.

Me pregunto si sabe lo de tu antiguo «trabajo». Me pregunto si sabrá por qué tu madre trabaja desde casa y es tan buena con la tecnología, sabe dónde poner cada dedo y pelar cada cable. Seguro que hacéis reuniones en todos esos pisos empresarios de mujeres trabajadoras y laboriosas. ¡Viva el feminismo! Me pregunto si conoce esos valores, esa ética tan hipotética y tan cuestionable. Si es así, y no le causa malestar o molestia, supongo que encontraste la indicada en menos de un mes después de que yo me largase, felicidades. ¿Puedo ser la dama de honor?

HAPPY BIRTHDAY MIJA

Nada, un día cualquiera me volvía a sentar en tanga, con mis calcetines largos, y me quedé mirando el parque debajo de mi casa. Volvía a ser verano, volvía a cumplir años y esta vez sí sentí algo diferente.

Me da vértigo el futuro, la carrera que tengo pensada empezar, mi trabajo de recepcionista, la nueva relación que tengo con mis padres, las amistades que se han ido y las nuevas que han surgido…

Pero, pensándolo bien, nada me da más vértigo pensar que tu ausencia será eterna. Nada me da más vértigo que el vacío que llevo dentro después de ti, pues sanaste un hueco, pero fuiste un capullo, cavaste otro hoyo aún más profundo y te fuiste sacándome el dedo.

TE ODIO

Te odio. Me mentiste, me dijiste que me amabas, que me necesitabas. Me dijiste que era yo y, a pesar de entregarte todo lo que tenía, me alejaste a la fuerza, me empezaste a odiar, me hacías llorar, dejaste de escucharme y empezaste a ignorarme, y eso me destrozó. Porque para mí lo eras todo, y aunque haya podido seguir adelante sin ti, cada día es una lucha. Cada día intento desearte lo mejor y convencerme de que fuiste parte de mi camino, de mi progreso. Lo odio, porque aún te quiero, a pesar de toda la mierda que me hiciste. Echo de menos a mi amigo, echo de menos a mi compañero de vida, la persona con la que podía llorar, reír, enojarme. La persona que me levantaba de mis oscuridades. Aprendí a hacerlo sin ti, ahora me levanto, afronto todo sola, y aunque tenga miedo, sigo caminando hacia delante.

Simplemente te echo de menos y espero que cuando los dos hayamos madurado, cuando los dos hayamos sanado, espero encontrarte por la calle y que yo te sonría, feliz de verte, y tú no sepas reaccionar porque en ese instante sabrás que sí era yo. Siempre fui yo. Pero el perdón en ese momento no existirá, el pasado seguirá siendo el presente entre nosotros y eso hará que no sepas cómo acercarte a mí. Por lo mucho que lo jodiste. Sin embargo, te echo de menos. Hasta entonces, mi amor.

LA LUNA Y LAS ESTRELLAS

Siempre me he fijado en la luna, hasta que hace poco me preguntaron si me gustaban las estrellas. Y yo, instintivamente, miré al cielo oscuro, haciéndome la pregunta: ¿qué sola se vería la luna sin las estrellas, verdad? ¿Qué haría la luna sin la compañía de sus queridas estrellas? Da igual que un día se vea solo una o dos, o en otras ocasiones quince o mil, la luna siempre va acompañada, al igual que yo. A veces con más gente a mi lado, a veces con menos, pero siempre acompañada de amigos que no saben cuánto los aprecio y los quiero. Y gracias a ellos, yo consigo brillar tan fuerte como la luna.

RECUÉRDAME

Hay una parte de mí que perdí en esa época, hay una parte de mí que quedó estancada como un fantasma en transparencia. Ella vive en ese día nublado de junio en la playa, ese día de nubes grises con marea alterada, pero con agua caliente. Ella vive en una sensación constante de agobio, en un compás arrítmico de latidos incomprendidos. Ella vive en soledad e inquietud con ganas de que salga el sol al día siguiente, pero no llega ni la noche y ella lucha, corre y no hay nadie, grita y nadie viene al rescate. La desesperación la deja sin aliento y empieza a escribir en la arena, pero el mar se lleva sus letras con tanta facilidad que también hace que con ellas se desvanezca su esperanza. Ella vive en un limbo donde las únicas estrellas que ve son las de su imaginación cuando está a punto de desmayarse, vive en un mundo de ruina constante del cual sabe que nunca podrá salir porque lo que busca, quien busca, nunca llegará. Ella buscará una eternidad sin encontrar, su lucha será en vano. Hay días donde la voy a visitar y nos sentamos las dos en silencio escuchando el mar, pensando en lo que de verdad puede llegar a valer el amor.

MI CORAZONCITO

A veces me pregunto si has pensado en mí. A mí me pasa constantemente, es como si me faltase un brazo; puedo vivir con ello pero me falta. Eso me pasa pero con el corazón, te llevaste el mío un día y no supe más de él. Y así quedé yo preguntándome diariamente si se acuerda de mí, si revive en su mente nuestras vivencias o si me extraña tanto como yo lo hago. Aunque la duda más grande es si ese corazón mío volverá algún día a casa.

PARA EL AMOR DE MI OTRA VIDA

Sinceramente, espero que algún día me perdones.

Que me perdones por haberte escrito tantas cartas de amor como de odio.

El vacío y la tristeza que dejaste en mí cuando me abandonaste sin dignidad, de rodillas y con las manos abiertas, se transformaron en una milésima de segundo en odio.

Un odio que, quizá, merecía sentir después del subidón de haberte amado.

Supongo que, en el fondo, lo entiendo.

Eso que dicen de que el amor es una droga no está tan alejado de la realidad.

Tal vez, al quererte, me convertí en una adicta.

Y, al final, solo me hiciste un último favor: salvarme, marchándote, dejándome en pleno centro de rehabilitación, sola.

REFLEXIÓN FINAL

En primer lugar, agradecer a todos aquellos que han llegado a este punto del libro. Segundo, quería acabar este libro con una pequeña reflexión por si las ideas y los sentimientos no han quedado del todo reflejados. Pues prefiero ser una persona con heridas cicatrizadas que con heridas abiertas. Alguien que vive hechos similares ha de saber que va a vivir con ello el resto de su existencia. Poco a poco el tiempo lo cura, pero también hace falta poner las ganas de querer sanar, si no, esas heridas acaban infectándose. Cuando hago referencia a las infecciones vengo a decir que normalmente lo que pasa cuando se vive una violación o algo traumático se suele buscar adrenalina, uno vuelve a meterse en la boca del lobo..., es un ciclo vicioso con la intención de «sentir algo», «de que cambie la historia». Cuanto antes se aceptan los hechos mejor, y llamarlo por lo que es, es lo mínimo que te mereces. La primera vez que entré en una consulta, yo explicaba esto sin mencionar dichas palabras como violación, abuso psicológico, trauma, yo decía que me habían tratado mal y encima susurrando como si hubiese una cámara oculta.

Personalmente, entender que hay personas ahí fuera que han pasado por los mismos sentimientos fue la clave para mi salud, para mi mejoría. Entender que esos sentimientos no eran solo míos, que hay mujeres que han navegado por el mismo mar de lágrimas y de dolor. No me sentí tan sola, sentí una necesidad de vivir por aquellas que no han podido salir, de ayudar a las que tienen la oportunidad de hacerlo y que no se pongan la soga por querer demasiado a otra persona. Por una misma, hay que dejar ese miedo atrás y mudarte de país si quieres, de salir a una cita con el tío que te apetezca, y de saber sonreír, aunque te están señalando para así sacarles el dedo a los que envidian, siempre respetando, claramente. Escribo esto para que entiendan que por mucho que te hayan pasado sucesos negativos, por mucho que hayas perdido años, hay que dejar ir, vivir con ello. Siempre tener en mente los valores correctos, de ser buena persona y no aprovecharse de los demás, de esforzarse en todo lo que te propongas y no parar hasta conseguirlo. Hay que tener constancia, gratitud y fe por todo lo que nos pasa, tomarlo como un aprendizaje y no como una derrota.

Pero esta mentalidad es un aprendizaje sin fin. Como he dicho antes, habrá más sentimientos negativos que positivos, es aguantar, es aprender a controlarlos sin que ellos te controlen. Que los pensamientos intrusivos, las pesadillas, los temblores, las disociaciones se sacudan por la realidad. Es enfocarse y que pensar en ello sea rutina hasta que no te afecte. Boxear y escribir fueron dos pilares para sacar mi rabia y mis sentimientos, lidiar con ellos. Buscar una salida a través del deporte es algo muy efectivo en estas situaciones. Es angustioso, pero necesario, y no pasa de la noche a la mañana. Sentarse con uno mismo y reflexionar, pensar y revivir es la manera correcta, pero dolorosa para afrontarlo. Pasé de tener a mis dieciséis años un trastorno de ansiedad y un estrés postraumático a tener eso, más un síndrome de Estocolmo a los dieciocho. Ahora tengo veinte, puedo comentar mis sucesos sin que me cause un estrago exagerado, pues de una forma u otra siento que todo aquello que dijeron que tenía se ha ido, aunque ansiedad a veces aún quiere fumarse un piti, e invita a todos a que toquen el timbre queriendo visitar de vez en cuando... Los echo a patadas ya que mi afán por seguir disfrutando, mejorando y conociendo era y es mi objetivo principal. Como cualquier ser humano, a veces tengo mis días de no querer levantarme de la cama, y no lo hago. Respeto mi cuerpo cuando necesita un respiro pero la vida es corta y desaprovecharla se me haría peor, creo que ese sentimiento hace que acapare más de lo que puedo en mi día a día, pero procuro que no sea así. Sin embargo, hay que entender que tu autoestima no depende de nadie, sino de ti; importa lo que pienses sobre ti mismo. Es aprender a diferenciar la bondad del perdón y saber cuándo decir no o sí a las personas y a las situaciones. Sobre todo, saber diferenciar donde hay carne y donde hay huesos para comer, creo que a nadie le gusta pasar hambre.

No me hace mucha gracia exponerme de esta manera a esta sociedad, pero este libro es mi manera de gritar a los cuatro vientos mi historia. Es mi manera de salir del capullo con alas, es caer de frente. Este libro es mi denuncia y mi manera de ayudar a las personas que han pasado o pasan por las mismas situaciones. Con esto no quiero dar pena, no quiero ser Sarah la violada, Sarah la maltratada o la tonta que ha tomado decisiones erróneas. Si lo veis de esta manera, no habéis entendido nada y tocará releer. Dicho de otra forma, vengo a decir que esta es mi verdad. No tengo por qué mentir, no tengo por qué hacer esto y creo que os he dado una perspectiva de cómo soy realmente como persona. Finalmente, solo quería decir que este libro no se ha escrito para que, cuando se termine de leer, se guarde en una estantería cogiendo polvo. Este libro tiene vida y espero que lo dignes dándoselo a alguien que lo necesite o lo abras cuando necesites un escape y te acuerdes de que hay una chavala que quiere acompañarte en tu insomnio. Pues cada uno tiene su inicio, pero el final lo decides tú.

ÍNDICE